LA CUEVA SECRETA

Este verano, Andrés y Ona descubrirán que la verdadera aventura aguarda en el pueblo de sus abuelos. Entre listas de retos y tardes de diversión, un antiguo misterio les espera, repleto de enigmas y criaturas fantásticas. Cada pista les acerca más a un secreto ancestral, convirtiendo su verano en una odisea mágica. Un viaje de amistad, valentía y descubrimientos que cambiará sus vidas para siempre.

Valores implícitos:

Un hermoso viaje hacia el autodescubrimiento y la superación personal. Nos enseña a valorar la amistad y a creer en nuestra capacidad para alcanzar metas que parecían inalcanzables. Cada aventura es una oportunidad para revelar y fortalecer valores ocultos, mostrando que con determinación y apoyo, todo es posible.

LA CUEVA SECRETA

Cristina Castañeda

Ilustrado por
Judith Villalonga

Nada más llegar al pueblo, Ona fue a buscar a Andrés. Ella y su padre veraneaban todos los años en aquel lugar.

Andrés estaba sentado en el árbol que daba justo a la parte de atrás de la casa de la abuela de Ona. Allí observaba a un pájaro que había hecho un nido en una de sus ramas y daba de comer a sus polluelos hambrientos que no paraban de piar.

Cuando por fin vio a su amigo, le dio un gran abrazo y, tras una mirada de complicidad, sacaron los dos los cuadernos donde apuntaban todos los años la lista con las cosas que querían hacer en el verano.

Como de costumbre, empezó Andrés:

1. Llenar globos de agua y colgarlos en un árbol como si fueran fruta.

2. Pasar una tarde entera jugando con mi perra Wilma en el río.

3. Hacer una expedición nocturna por el pueblo para descubrir nuevos misterios.

4. Aprender la receta del delicioso bizcocho de chocolate y nueces de la abuela de Ona.

5. Bañarme en la piscina y soltarme por primera vez del bordillo.

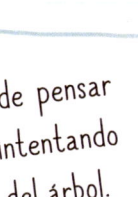

Se rieron con la idea de pensar que alguien se mojara intentando coger la fruta acuosa del árbol.

Seguidamente, Ona cogió su lista y empezó a leerla en voz alta:

1. Cazar una mariposa y guardarla una noche entera en mi habitación para poder dormir con ella.

2. Hacer las manualidades de todos los años con mi abuela.

3. Buscar las hadas que me ha dicho mi padre que vivían cerca del río.

4. Dormir una noche en el jardín, en la tienda de campaña.

5. Hacer un libro con recuerdos de todo lo que he hecho en el verano.

Ya está, cinco cosas cada uno; en eso quedaron porque así podrían hacerlas todas sin que les quedara ninguna pendiente. Había cosas que les iba a costar un poco más que las otras, así que decidieron ayudarse mutuamente si fuera necesario.

Al volver a casa, la abuela de Ona les había preparado su postre preferido: un bizcocho con chocolate y nueces. Así que Andrés fue corriendo a pedirle la receta y a tachar su primer objetivo cumplido.

Esa noche, Ona dejó la luz de su lamparita encendida, como hacía los primeros días hasta que se acostumbraba a esa oscuridad tan intensa que había en el pueblo. Pensó en qué cosa le gustaría hacer primero de su lista y, después de mucho reflexionar, decidió hacer las manualidades con su abuela.

Al día siguiente, Andrés fue a buscar a su amiga, pero Ona ya tenía pensado hacer las manualidades esa tarde; así que miró su lista y decidió ir a jugar con su perra al río. Él le tiraba la pelota al agua, y ella la traía; se la volvía a tirar y la volvía a traer, así hasta que Wilma empezó a sacar la lengua de cansancio.

Se tumbaron un rato a descansar y, sin darse cuenta, se quedó dormido. Al rato, le despertaron los ladridos de su perra que ladraba a un pequeño matorral que estaba junto al agua. Desde lejos observó el matorral, pero no vio nada; estaba anocheciendo, así que la llamó y se fueron a casa.

La madre de Andrés coleccionaba figuras de búhos; tenía toda una estantería llena con colgantes, figuras de cerámica, de madera... Al llegar a casa, su madre estaba limpiando la estantería y tenía todos los búhos esparcidos por la mesa del salón; así que se sentó a su lado y se puso a ayudarla con la limpieza de aquellas aves nocturnas.

—Empecé a coleccionarlos desde pequeña —dijo su madre—, cuando tu abuela me trajo como recuerdo de un viaje un búho tallado en madera. Lo puse en mi mesita de noche y, antes de dormirme, siempre me despedía de él hasta el día siguiente.

A partir de ahí, fue aumentando poco a poco su colección; hoy en día tiene casi cien figuras de búhos.

Le dijo a Andrés que eligiera el que más le gustara; había tantos que le costó decidirse. Al final, eligió uno muy pequeño, era de cerámica y estaba pintado con colores muy vivos. Le dio las gracias a su madre y fue corriendo a colocarlo sobre su mesita de noche.

Esa noche, Ona volvió a dejar la luz encendida y se llevó a su habitación a Luna, la gata de su abuela, que era negra y tenía el pelo muy brillante y suave. Como le costaba dormirse, se acurrucó con Luna y le acarició la cabeza mientras ella ronroneaba sin parar. Desde la ventana, podía ver el árbol que tanto le gustaba a su amigo y se preguntaba si los polluelos ya estarían dormidos.

Cazar la mariposa, eso sería lo que haría mañana; así la metería con ella en la habitación y le ayudaría a dormirse sin problemas.

«¡Piiii, piii, piiii!».

Se despertó sobresaltada, Luna ya no estaba, y la luz de su lamparilla aún seguía encendida.

«¡Piiii, piii, piiii!».

Bajó corriendo las escaleras, y en pijama abrió la puerta de la casa.

¿Qué hacía su padre montado en aquella moto?

—¡Venga, sube! —dijo su padre.

—¡Papá, estoy en pijama! —dijo Ona, algo desorientada ante la situación.

—Cámbiate rápido y baja, que te quiero enseñar una cosa.

La niña fue a su cuarto a cambiarse lo más rápido que pudo, bajó, se colocó el casco y, subiéndose con dificultad a la moto, se agarró con fuerza a la cintura de su padre.

Cerró los ojos y no los abrió hasta notar cómo descendía la velocidad; olía a bosque y escuchaba el sonido del agua. Al abrir los ojos, vio cómo su padre le señalaba una pequeña cascada que emanaba agua sin parar, le dijo que allí, entre otras criaturas que aún no había descubierto, vivían las hadas.

Lo sabía porque a las hadas les gustaba mucho el agua y la vegetación, para poder hacer sus casas, y ese era un lugar perfecto. Él solo las había visto una vez cuando era niño mientras hacía una expedición por el río.

—Este no es el único sitio donde viven —le dijo señalando un árbol tan alto que a Ona le costaba mirar hacia arriba—, están por todo el bosque.

Al llegar a casa con la emoción aún latente de la historia de las hadas, se preparó para su misión de la búsqueda de la mariposa. Fue a la cocina y cogió un bote de cristal que tenía su abuela en la despensa, agua, algo de fruta y su inseparable caracola de la suerte. Con las cosas ya preparadas, puso rumbo dirección a la colina, el jardín de Julia.

Julia era una mujer mayor a la que le encantaba la jardinería, estaba rodeada siempre de sus gatos, que la seguían a todas partes, y poseía la casa con el jardín más grande de todo el pueblo. No era un jardín corriente, tenía árboles frutales, toda clase de plantas y hasta un pequeño riachuelo.

Al llegar arriba, la niña saludó a Julia con la voz todavía entrecortada por el cansancio del camino; la mujer la invitó a entrar y a recuperar fuerzas en su sofá. Ona explicó el motivo de su visita y le pidió si podía usar su jardín para llevar a cabo su misión.

Y después de tomarse dos magdalenas, puso en marcha su búsqueda.

Andrés se ocupó esa mañana de llenar globos y más globos de agua para colgarlos en el árbol de la plaza del pueblo. Para ello, esperó a la hora de la siesta, momento en el que se aseguraba al cien por cien de que no habría absolutamente nadie en las calles.

Llenó una mochila con los pocos globos que cabían en ella y, con mucho cuidado, empezó a trepar al árbol.

—A ver, un pie por aquí, una mano por allí...

Por fin llegó a la rama que quería, abrió con mucho cuidado la mochila y cogió uno de los pocos globos que no se habían explotado. Cortó la cuerda, la ató y ya está, el primer globo frutal colgando del árbol.

Cuando terminó de colgarlos todos, bueno, solo la mitad de los que había llenado en un principio, se sentó en un banco de la plaza a descansar y a ver qué reacción tenía la gente al verlos.

«¡Mariposa, mariposa...!». Nada, por más que la llamaba, no aparecía ninguna mariposa y, si aparecía, con solo acercarse a dos pasos, se iba volando. Julia, que llevaba un rato observando a la niña, le llevó unas rodajas de naranja y le llenó un cuenco con agua y azúcar.

—Prueba con esto, a ver si funciona —le dijo la señora.

Eso hizo. Con la cara iluminada por la esperanza, roció unas gotas de esa agua en su mano y se sentó al lado de las plantas aromáticas a esperar. Sin creérselo, al rato, ahí estaba aquella bonita mariposa posada en la mano de Ona, parecía que estaba bebiendo de ese néctar que le había hecho la anciana. No se atrevió a coger el bote de cristal para no ahuyentarla, así que decidió observarla tanto tiempo como le fuera posible.

Era incapaz de distinguir todos los tonos de verde que tenía, unas líneas marrones en forma de raíces que le salían de las alas y cuatro manchas que parecían ojos, repartidos por su pequeño cuerpo.

Voló.

Pero Ona grabó cada mancha de aquella mariposa en su mente y fue corriendo hasta la casa de su abuela a dibujarla antes de que se le olvidara. Ahí la tenía, la mariposa con la que compartiría no solo una, sino todas las noches que ella quisiera. Le ató una cuerda y la colgó del cabecero de su cama; esa noche apagó la luz de su lamparilla.

A la mañana siguiente hacía bastante calor, así que era el día perfecto para que Andrés superara su miedo a soltarse del bordillo de la piscina. Ona fue a ayudarle y, para ello, cogió su caracola de la suerte y se la prestó a su amigo para que le ayudara en esta valiente misión. La niña se metió primero en el agua y, después de varios minutos pensándoselo en los escalones de la piscina, Andrés decidió meterse. Agarrado de la mano de su amiga, consiguió despegarse del bordillo y llegar nadando hasta el otro extremo de la piscina, bajo la atenta mirada de su madre y su hermana que no dejaban de gritar para animarle.

Después de una mañana pasada por agua, era el turno de Ona, cuya misión era pasar una noche entera durmiendo fuera en la tienda de campaña. La madre de Andrés les había preparado una macedonia de fruta y unos sándwiches, y el padre de Ona les había dado dos linternas, unos cuentos y una buena dosis de repelente de mosquitos.

La tienda la habían montado en la parte de atrás de la casa de la abuela, junto al árbol de los pájaros. Ona se había llevado su mariposa de papel, y Andrés, el búho que le había regalado su madre. En la puerta habían colocado una campanita por si alguien quería entrar y un cartel que ponía: «Se aceptan narradores de cuentos». El padre de Ona ya tenía preparada su historia, así que llamó a la campanita y pidió permiso para entrar. Tras la atenta mirada de los dos niños, comenzó a narrar el cuento:

Marcos se llamaba. Era un hombre alto, moreno y con una barba bastante densa; le gustaban mucho los animales, tenía un pastor alemán y dos gatos siameses, los cuales tenían por costumbre utilizar como almohada el cuerpo del perro para echar sus largas siestas.

Marcos coleccionaba plumas, no tenía muchas porque le eran algo difíciles de conseguir, pero a la que más cariño le tenía era una de un águila real que consiguió en un espectáculo de cetrería al que fue de pequeño. Algunas las usaba como marcapáginas, otras adornaban el cabecero de su cama y otras las usaba de amuleto para sus expediciones; las ataba con un hilo y se las colgaba al cuello.

Cuando era pequeño, solía hacer expediciones por el bosque, marcaba los árboles por los que había pasado para no perderse y recogía muestras de plantas que desconocía o guardaba la savia de los árboles en tarros de cristal.

Solía hacer esas expediciones con su perro y su amigo Daniel, un niño bajito, con el pelo siempre revuelto y algo asustadizo, al que también le gustaban las aventuras. Un día, Marcos, Daniel y su perro Intrépido se fueron de expedición. Siguieron los trozos de trapos viejos que colocaban en las ramas de los árboles para marcar el camino hasta llegar a su escondite, una pequeña cueva que habían encontrado y donde, entre otras cosas, guardaban las muestras grandes que no podían llevar de vuelta a casa.

Una bota del número cuarenta y cinco, unos tarros de cristal con insectos secos, revistas antiguas y lo más curioso de todo, una caja cerrada de la que no poseían llave alguna.

Estuvieron bastante tiempo buscando la llave por los alrededores de donde la encontraron, sin ningún éxito. Marcos decía que contenía un mapa que te guiaba a una cueva secreta donde vivían criaturas mágicas, y Daniel pensaba que guardaba la chocolatina más rica que nadie había probado nunca; de momento, ese misterio seguía sin resolverse.

Esa tarde se habían llevado un juego de mesa y unas galletas de chocolate que les había hecho la madre de Marcos para merendar. Como hacía bastante calor fuera, decidieron comérselas dentro de la cueva mientras jugaban a «Cuéntalo otra vez», un juego que consistía en inventar una historia mientras el otro jugador te iba diciendo los personajes y acontecimientos que tenías que introducir en tu cuento, algo en lo que sin duda siempre ganaba Daniel. Tenía una capacidad increíble de introducir los nuevos elementos en su historia y hacer parecer que todo tenía sentido, mientras que Marcos enredaba tanto el cuento que, por más que lo forzaba, no cabían aquellos personajes en esa narración tan pintoresca.

Cuando pasó el calor, salieron de la cueva y empezaron a caminar. No llevaban ni diez minutos cuando Marcos vio lo que parecía ser, de lejos, una pelota con ojos detrás de un árbol. Fueron hacia ella muy despacio y se asomaron con cuidado detrás del tronco.

Allí vieron a una criatura redonda y pequeña, a la que le brillaban los ojos con tanta intensidad que los niños no le podían mirar directamente. Estaba sentada y asustada, igual que Marcos y Daniel, pero ninguno salió corriendo hacia ningún lado. Se quedaron en silencio, observándose, hasta que Intrépido empezó a ladrar y, cuando se dieron cuenta, la criatura peluda ya no estaba.

Esa noche, ninguno de los dos niños fue capaz de conciliar el sueño.

Al día siguiente, continuaron con su expedición, esta vez con un objetivo claro: encontrar a aquella criatura de ojos brillantes. Siguiendo sus marcas, fueron directos al árbol donde la habían encontrado, pero nada, ahí no estaba. Ya cansados de buscar, se sentaron en las enormes raíces que salían del árbol, cuando de repente, un pitido muy fuerte empezó a sonar detrás de un matorral.

«¡Piiiiiiiiiiiiiii!».

Intrépido puso sus orejas en alerta, y los niños se miraron sobresaltados por el ruido. Se levantaron de un salto y, colocando al perro delante, empezaron a caminar en dirección al matorral. Llegaron nerviosos y, con cuidado, apartaron las ramas y se adentraron en lo que parecía ser una gran cueva secreta escondida tras las hojas.

Avanzaban poco a poco, alumbrando con su linterna aquella cueva tan profunda y oscura. Intrépido ladró y Daniel señaló a un rincón de la cueva. Marcos giró su linterna hacia donde brillaban dos pequeños puntos de luz. Se acercaron despacio y pudieron ver a su amiga peluda sentada junto a una especie de lagarto alado que tenía como compañero.

Emitió un pitido suave, como muestra de saludo, al que los niños contestaron con un silencio largo y un gesto de asombro. A Intrépido pareció gustarle el reptil, ya que no paraba de olfatearle. Marcos, en un intento de acercamiento tras su letargo, sacó de su mochila una galleta de chocolate y se la ofreció. La criatura la cogió con su pequeña mano y la engulló tan rápido que a Marcos no le dio tiempo ni de verle la boca. Era una criatura pequeña y redonda, un poco más grande que una pelota de tenis; solo se le veían los ojos, que cuando no le brillaban, los tenía de un verde claro intenso. Su cuerpo estaba cubierto de pelo largo negro, de donde le salían dos pequeños brazos y dos piernas largas y delgadas.

Mientras el perro jugaba con el reptil alado, los niños intentaban comunicarse con Pi (así llamaron a su amiga peluda). Le ofrecieron más galletas, las cuales se comió con la misma rapidez que la primera, y le enseñaron una pluma que Marcos llevaba en su collar. Pi la cogió y se la llevó a un rincón de la cueva; los niños la siguieron y descubrieron una pequeña estantería que había hecho en la roca, donde guardaba todo tipo de chismes: latas, botellas, cuerdas... y entre todas las cosas, pudieron distinguir un elemento que brillaba, una llave.

¡Era la llave que estaban buscando! Los niños se miraron nerviosos y pensaron en cómo podrían obtenerla. Buscaron en sus mochilas y lo único que encontraron fue una libreta con unos lápices de colores con poca punta. Con señas le explicaron que le cambiaban su libreta con los lápices de colores por la llave.

No tardaron en hacer el intercambio.

Se despidieron de Pi y de su compañero y se fueron corriendo hasta su pequeña cueva para descubrir qué secreto contenía aquella caja.

Ona y Andrés habían seguido toda la historia con la boca abierta y no se creían que el cuento había acabado.

—¿Qué había en la caja? —gritaron los niños al unísono.

—Mañana lo descubriréis —respondió el padre de Ona, despidiéndose ya desde la puerta de la tienda.

A la mañana siguiente, el padre de Ona los llevó a una casa algo alejada del pueblo. Los niños no sabían a dónde iban; habían pasado la noche casi sin dormir y seguían algo cansados, pero la excitación de la sorpresa los mantenía despiertos. Abrió la puerta un hombre alto, moreno y con una barba bastante densa, iba acompañado de un perro bastante mayor, que los miraba fijamente.

—Encantado de conoceros, soy Marcos —dijo acompañado de una amplia sonrisa.

Los niños se miraron asombrados y después miraron al padre de Ona sin pronunciar palabra. Entraron en la casa y se sentaron en el sofá aún boquiabiertos por la sorpresa.

En la mesa había una caja metálica con una llave.

—Toma, Daniel, ábrela tú —dijo Marcos dirigiéndose al padre de Ona.

¡Claro, Daniel! ¿Cómo no habían caído antes? ¡El padre de Ona era el amigo de expediciones de Marcos!

Los niños no salían de su asombro; no eran capaces de cerrar la boca ante tanta expectación.

Daniel cogió la llave, la metió en la cerradura y la giró. Al abrir la caja, se cayeron las chocolatinas que casi no cabían en ella y, debajo de todo, apareció un pergamino enrollado. Ona y Andrés lo desplegaron y vieron dibujado un mapa que parecía mostrar el bosque que ellos conocían y en el que había marcada una cruz roja en una de las esquinas.

—¿Dónde marca la cruz? —preguntó Ona.

—Ahora lo veremos —contestó su padre.

En primer lugar, iba Intrépido; Marcos le seguía con su collar de plumas colgando del cuello, Daniel le seguía de cerca, con Ona agarrada a su mano derecha y Andrés agarrando su izquierda.

Iban de nuevo al bosque.

Después de un largo rato caminando, Intrépido paró y empezó a ladrar. Marcos le acarició la cabeza y el perro calló. Daniel sacó de su mochila un puntero láser y comenzó a hacer luces intermitentes, mientras Marcos levantaba una caja de colores y la movía de lado a lado.

«¡Piiiiiii!».

Intrépido se adentró en la cueva corriendo y el resto lo siguió. Cada uno llevaba una linterna, pero hubo un momento en el que ya no hacía falta la luz. Cientos de ojos brillantes corrieron a su encuentro, y unos reptiles voladores se acercaron directamente al perro. Marcos y Daniel dieron galletas de chocolate a los niños y les dijeron que se las ofrecieran a las criaturas.

Las paredes de la cueva estaban decoradas con cuerdas, hojas pegadas y muchos dibujos que estaban firmados con lo que parecía ser un nombre en clave, Roar.

Al igual que ellos, aquella persona también había descubierto la cueva secreta y dibujó un mapa mostrando el camino para llegar. Para asegurarse de que el mapa cayera en buenas manos, le dio a Pi la llave que podría abrir la caja que contenía el mapa y algunas chocolatinas.

Al cabo de los días, decidieron retomar la lista de objetivos, y esa noche le tocó a Andrés la misión de la expedición nocturna.

Quedaron después de cenar y el punto de encuentro fue la plaza del pueblo.

Allí no se escuchaba ni veía nada, solo algún gato pasar o alguna luz encenderse, pero poco más.

De repente, de la nada, surgió una figura alta y oscura acercándose poco a poco hacia los niños.

¡Era el anciano! Aquel señor tan extraño que nunca salía de su casa y que solían ver a través de las ventanas.

¡Estaba allí, frente a ellos! Se dirigió hacia los niños y, dándoles las buenas noches, les preguntó qué hacían tan tarde paseando por el pueblo.

Andrés se adelantó a contestar, diciendo que estaban de expedición nocturna y, aprovechando la ocasión, formuló la pregunta.

—¿Por qué no sale nunca de casa? —dijo con voz entrecortada.

—De día hace mucho calor y prefiero el frescor de la noche —contestó el anciano.

—Pues vaya fracaso de expedición, ¿qué clase de misión era esa? Así no seré nunca explorador como Marcos y Daniel —dijo Andrés, decepcionado.

Ona se acercó hacia él e intentó animarle, diciéndole que en cualquier misión podrían encontrar una gran aventura.

Pareció funcionar, ya que Andrés volvió a casa con una pequeña sonrisa.

Solo les quedaba una noche en el pueblo y el hada de Ona aún no había sido encontrada.

El día siguiente, pasaron toda la tarde buscando hadas por el bosque, hasta llevaron agua azucarada y rodajas de naranja, por si funcionaba como con las mariposas.

Se hizo tarde y los amigos tuvieron que despedirse hasta el siguiente verano.

De camino a casa, Ona, desilusionada por no haber completado su última misión, se dirigió hacia el árbol de los pájaros para despedirse. ¡Los polluelos ya no estaban! El nido aún seguía, y justo encima, parecía haber un papel; se acercó más hasta lograr alcanzarlo. Era un dibujo, un hada azul.

Nunca supo quién colocó allí aquel dibujo, pero Ona, al final, consiguió su hada.

A los pocos días, ya fuera del pueblo, Ona terminó su álbum de recuerdos. Había dibujos, plumas, hojas, algún globo, fotografías…, todas las cosas y personas que marcaron aquel verano estaban reflejadas en su álbum.

El verano terminó, y con él sus aventuras y expediciones, los descubrimientos y las superaciones; acabó un verano que, sin ninguna duda, no olvidarían nunca.

Cómo encontrar la magia

Hemos visto que nuestros protagonistas encuentran la magia en los lugares más inesperados, seguro que tú también estás rodeado de ella, solo que tienes que prestar un poco más de atención.

☆ Piensa en un momento en el que hayas ayudado a un amigo o un amigo te haya ayudado a ti. ¿Cómo te sentiste? Al igual que para Andrés y Ona, la amistad es como un tesoro que siempre nos acompaña en nuestras aventuras.

☆ ¿Eres de los que cuando sales a la naturaleza vuelves con los bolsillos llenos de hojas, ramas o plumas de algún pájaro? ¿Qué es lo más raro que te has encontrado en una de tus excursiones? Recuerda disfrutar siempre de esos pequeños detalles que hacen de nuestra excursión una gran aventura.

☆ Nuestros amigos aprenden muchas cosas nuevas en el verano, desde hacer un bizcocho hasta soltarse a nadar por primera vez. ¿Recuerdas algo nuevo que hayas aprendido últimamente? ¿Te sentiste feliz al hacerlo?

☆ Si quieres, puedes crear tu propia lista con las cosas que te gustaría hacer el próximo verano (o cuando te apetezca).

La cueva secreta

© del texto: Cristina Castañeda
© de las ilustraciones: Judith Villalonga
© del diseño y corrección: Equipo BABIDI-BÚ

© de esta edición:
Editorial BABIDI-BÚ, 2024
Avda. San Francisco Javier, 9, 6ª, 23
Edificio Sevilla 2
41018 - SEVILLA
Tlfn: 912.665.684
info@babidibulibros.com
www.babidibulibros.com

Impreso en España
Primera edición: octubre, 2024

ISBN: 978-84-10329-71-3
Depósito Legal: SE 1872-2024